AF 226803

ADOLPHE FAVRE

LES

CENDRES DE NAPOLÉON

ET

LE SÉNAT

Sic vos non vobis.

PRIX : UN FRANC

PARIS

AGENCE GÉNÉRALE DE LIBRAIRIE

10, RUE DE LA BOURSE, 10

1868

ADOLPHE FAVRE

LES

CENDRES DE NAPOLÉON

ET

LE SÉNAT

Sic vos non vobis.

PARIS

AGENCE GÉNÉRALE DE LIBRAIRIE

10, RUE DE LA BOURSE, 10

—

1868

RÉPONSE

A

M. LE ROY DE SAINT-ARNAUD

SÉNATEUR

SIMPLE DÉCLARATION

Nous mettons sous les yeux du public les pièces d'une cause qui nous est personnelle et qui cependant peut toucher chacun et tous.

Ce qui a trait à la France ne doit être ignoré de personne.

Donc à tous et à chacun !

ADOLPHE FAVRE.

PÉTITION

ADRESSÉE AU SÉNAT, LE 6 NOVEMBRE 1867

PAR LE PROMOTEUR

DE LA RENTRÉE DES

CENDRES DE NAPOLÉON Iᵉʳ EN FRANCE

Monsieur le Président,

Messieurs les Sénateurs,

Toute ma vie a été vouée à la cause napoléonienne.

En 1830, le 7 août (1), j'adressai à Louis-Philippe une brochure en vers : *l'Homme du Rivage, ou l'Illustre Tombeau,* dans laquelle je lui demandais la rentrée en France des Cendres de Napoléon Iᵉʳ.

Écrite avec le cœur, et non avec le talent, elle exprimait ma pensée.

Elle fut vendue au profit des blessés de Juillet.

Je n'étais pas riche, je gagnais à peine de quoi vivre en faisant des écritures judiciaires.

Mon hôtelier me prêta deux cents francs, somme énorme pour moi ! Elle fut consacrée à la publication de mon œuvre.

Tous les ans, le 7 août, je renvoyais ma brochure à Louis-Philippe ; je répétai cet envoi jusqu'en 1836.

Alors un ministre, M. Thiers, demanda à la Chambre des Députés que cette grande réparation eût lieu.

Les Cendres de Napoléon rentrèrent en France.

Cependant il m'avait fallu rembourser les deux cents francs à mon hôtelier.

Que de privations j'ai dû m'imposer ! Pendant trois ans que de fois le pain m'a manqué !

Mais souffrir pour sa cause, ce n'est pas le martyre, c'est le bonheur !

Enfin je m'acquittai.

Alors je fus riche d'une dette que je n'avais plus et ma santé fut ruinée.

Une famille de Passy me recueillit.

On allait m'ensevelir ; une glace fut approchée de mes lèvres : elle se ternit.

Je revins à la vie.

Je voyais l'avenir beau ; les Cendres de Napoléon n'avaient-elles pas ranimé le parti napoléonien ?

J'étais fier ; je considérais cela comme mon ouvrage.

Enfin Napoléon III fut proclamé.

La France est glorieuse !

Avec la page que Dieu a écrite pour moi, je n'ai jamais rien demandé à la faveur impériale, jamais, pas même un simple emploi.

Devenu homme de lettres et auteur dramatique, j'ai obtenu un certain nom.

(1) Jour où la Chambre des Députés a proclamé Philippe d'Orléans roi des Français.

Cependant avec l'âge augmentent les besoins.

Ils sont d'autant plus terribles que j'ai perdu, en 1862, dans un travail du Gouvernement, que j'avais sous-entrepris, pour venir au secours d'un entrepreneur malheureux, le barrage de Courcelles, sur la Marne; j'ai perdu, dis-je, SOIXANTE-DEUX MILLE FRANCS! la plus grande partie de ce que je possédais.

J'allais tomber en faillite, le Ministre des travaux publics m'a exonéré de la suite de cette entreprise, le déshonneur ne m'a pas frappé.

Toute ma vie a été une lutte; je lutte encore, mais je sens mes forces s'épuiser à la tâche.

Si le dévouement que j'ai toujours montré à la France est digne d'intérêt, si je lui ai été utile, je demande qu'elle vienne à moi comme j'ai été à elle.

Monsieur le Président, Messieurs les Sénateurs, j'ai l'honneur de solliciter, par une loi, une rente viagère à titre de récompense nationale.

Après avoir aidé puissamment au règne de l'Empire, dois-je mourir dans le besoin?

J'ai soixante ans!

Agréez, Monsieur le Président, agréez, Messieurs les Sénateurs, l'assurance de mon respect le plus profond.

ADOLPHE FAVRE
8, place de la Bourse.

Paris, 6 novembre 1867.

PIÈCES A L'APPUI

EXTRAITS

de

L'HOMME DU RIVAGE OU L'ILLUSTRE TOMBEAU

(Ma brochure de 1830)

Une île l'a vu naître (*Napoléon*);
Au printemps de ses jours
La terre l'eut pour maître,
Et mort, il vit toujours!
. . . .
. . . .

Lui que l'Europe honore,
Dans son île, abattu,
Faisait trembler encore
Ceux qui l'avaient vaincu.
. . . .
. . . .

Bientôt l'île sauvage
Compte un tombeau de plus!
Et l'homme du rivage,
Napoléon n'est plus!

. . . .
. . . .

A son heure dernière,
Et près de fermer l'œil,
Il tourna sa paupière
Vers cette France en deuil!

Son âme, sans souffrance,
L'a délaissé soudain;
Il expire!... et la France
Lui refuse son sein!!!
. . . .
. . . .

Mais notre France encore,
Libre comme autrefois,
Renaît au tricolore
Pour la seconde fois!

. . . .
. . . .
Cette France si belle,
Sur nous compte déjà...
Laisserons-nous loin d'elle
Celui qui l'illustra ?

Soyons tous dans l'ivresse :
Un grand homme nouveau,
Évoquant l'allégresse,
Lui rendra son tombeau !

D'Orléans que j'implore,
Nous l'espérons de toi ;
Fidèle au tricolore,
Tu deviens notre roi !

. . . .
. . . .

O Prince qu'on révère,
Étonne encor nos jours !
Accomplis ma prière,
Et grand, sois-le toujours !

Extrait du **Dictionnaire des Connaissances humaines,** *édition de 1858, au mot INVALIDES, tome V, pages 402 et 403.*

. . . .
Cet homme extraordinaire, prodigieux reflet de la Divinité, avait écrit :
« Napoléon ;
» Ce jourd'hui, 15 avril 1821, à Longwood, île de Sainte-Hélène.
» Ceci est mon testament, ou acte de ma dernière volonté.

. . . .
» Je désire que mes cendres reposent sur les bords de la Seine, au milieu de ce peuple français que j'ai tant aimé. »

. . . .
Depuis longtemps on se demandait, avec une fiévreuse impatience, quand il serait enfin donné satisfaction au vœu de Napoléon Ier.

Un écrivain distingué, M. Adolphe Favre, jeune homme au cœur chaud, à l'âme élevée, saisit la pensée générale, s'en empare, la traduit, la fait sienne, la jette, lui le premier, dans une chaleureuse pétition qu'il adresse, dès le mois d'août 1830, au chef de l'État (1). Chaque année, à pareille époque, il la renouvelle avec un surcroît d'ardeur, avec toute l'énergie d'une volonté forte, signe avant-coureur du succès. Ce qu'il veut, ce qu'il demande avec tout le feu d'une généreuse passion, ce sont les restes du martyr. Sa patriotique initiative remue tous les cœurs. On s'agite, on s'ébranle ; les résistances faiblissent ; les instances redoublent : force est de céder.

Le corps de l'Empereur arrive à Paris.

. . . .
Le major PAUL ROQUES.

Extrait du **Dictionnaire des Contemporains,** *par* VAPEREAU,
au mot : FAVRE (Adolphe).

FAVRE (Adolphe), littérateur français, né à Lille, en 1808, a écrit d'abord des poésies, notamment des paroles de romances et un volume de vers : *l'Amour d'un Ange* (1852) ; puis de nombreuses nouvelles et des romans : *le Carrefour de la Croix* (1855, 2 vol.) ; *l'Amour et l'Argent* (1856, 2 vol.). Il dirige, depuis 1851, un recueil mensuel de romans, *la Revue parisienne,* dans

(1) Ce que l'auteur de l'article appelle ici Pétition était une brochure en vers, intitulée *l'Homme du rivage ou l'Illustre Tombeau,* dédiée à Philippe d'Orléans, roi des Français, et adressée, dès le 7 août 1830, à Sa Majesté Louis-Philippe.

Cette brochure, imprimée par Poussin, rue de la Tabletterie, 9, à Paris, a été vendue au profit des blessés des 27, 28 et 29 juillet, chez Terry, libraire, au Palais-Royal. *(Note de la Rédaction.)*

laquelle il a inséré *le Capitaine des Archers*, *l'Œuvre du Démon*, etc. — Dès 1830, il a réclamé avec insistance la rentrée en France des cendres de Napoléon.

---

*Extrait de l'***Encyclopédie illustrée des Inventions et Découvertes**, *édition de 1864, au mot :* FAVRE (Adolphe), *t.* 1er, *p.* 42.

FAVRE (ADOLPHE), littérateur et poëte, membre de la Société industrielle, arts et belles-lettres de Paris, est né à Lille (Nord) en 1808.

Un fait, dont l'histoire s'emparera, illustre sa vie : il est le promoteur de la *rentrée en France des cendres de Napoléon*. Dès le 7 août 1830, il en faisait la demande à Louis-Philippe dans une brochure intitulée : *l'Homme du Rivage ou l'Illustre Tombeau*; dans le tome V du *Dictionnaire universel des Connaissances humaines*, au mot INVALIDES, le major Paul Roques a consigné ce fait important d'après les documents les plus authentiques.

M. Adolphe Favre a publié un grand nombre d'ouvrages, parmi lesquels nous citerons : *l'Amour d'un Ange*, poésies, un volume; *le Carrefour de la Croix*, roman, 2 volumes; *l'Amour et l'Argent*, idem, 2 volumes; *le Capitaine des Archers*, idem, 2 volumes; *la Coupe maudite*, idem, 2 volumes; *l'Œuvre du Démon*, idem, 3 volumes; *le Marchand d'or*, idem, 3 volumes; *l'Épée de saint Bernard*, idem, 3 volumes; diverses pièces de théâtre, entre autres : *le Colonel Chabert*, drame en 5 actes; *l'Orfévre du Pont-au-Change*, drame historique en 5 actes; *Un Monsieur qui a perdu son mouchoir*, vaudeville en un acte; *les Métamorphoses de Bougival*, vaudeville en un acte; *la Chasse à ma Femme*, vaudeville en un acte. Il publie aussi depuis 1851 *la Revue parisienne*, dont il est toujours le rédacteur propriétaire.

Une foule de poésies de M. Favre ont été écrites en musique, et plusieurs de ses ouvrages lui ont valu des médailles d'argent et d'or de diverses Académies et Sociétés savantes.

M. Adolphe Favre est un écrivain distingué, dont les ouvrages réunissent toutes les qualités de style : la pureté, la précision, le naturel, la noblesse et l'harmonie. Ses romans excitent tous l'intérêt, soit par la peinture des mœurs, soit par la régularité des événements dont ils sont remplis. Ses poésies sont douces, touchantes, écrites avec l'âme, si nous pouvons nous exprimer ainsi, et leur lecture émeut le cœur en même temps qu'elles charment l'esprit. Enfin, ses pièces de théâtre ont obtenu le juste tribut d'applaudissements dû au talent.

Extrait de la **Gazette de l'Empire**, *du* 1er *juin 1865, un des nombreux journaux qui m'ont cité comme promoteur de la Rentrée des Cendres de Napoléon* Ier.

L'HOTEL DES INVALIDES.

Si la France est aujourd'hui une puissance militaire de premier ordre, si elle est la tête et le bras de la civilisation, il lui a fallu soutenir de longues et douloureuses luttes pour assurer sa prépondérance sur les nations rivales.

L'Anglais et l'Espagnol ont fait à la France une guerre acharnée, et l'Europe s'est plusieurs fois coalisée contre elle.

L'armée a donc toujours occupé une place importante en France. La révolution de 1789, en détruisant les priviléges, a fait de l'état militaire une carrière glorieuse et honorable, et chaque soldat porte, comme on dit vulgairement, un bâton de maréchal dans sa giberne.

Il n'en était pas de même autrefois, où les grades s'achetaient ou s'obtenaient par faveur. La position des soldats était alors précaire et sans avenir.

Lorsque des blessures les rendaient impropres au service, c'est à la charité
publique et privée que les invalides demandaient leurs moyens d'existence.

Au quinzième siècle, il en était encore ainsi, et les vieux débris de nos ar-
mées venaient frapper souvent à la porte des abbayes et des prieurés pour y re-
cevoir une hospitalité humiliante.

Henri IV fut le premier qui songea à assurer l'avenir des soldats blessés au
service de la France. Des édits de 1597 et de 1604 affectèrent la *maison de
charité*, qui existait alors rue de Lourcine, aux invalides militaires. Ils de-
vaient y être nourris et logés aux frais de l'État.

En 1632, Louis XIII transféra les Invalides au château de Bicêtre, dont il
avait fait l'acquisition, et qui prit le nom de Commanderie de Saint-Louis.

Il appartenait à Louis XIV, ce roi conquérant, de fixer d'une manière plus
stable et plus complète le sort des défenseurs de la France.

Il créa l'hôtel des Invalides tel qu'on le voit aujourd'hui.

Les dessins de la chapelle et des bâtiments sont dus à Bruant. L'église,
commencée en 1660, ne fut terminée qu'en 1705. Mansard a fourni les dessins
du dôme.

En 1789, la dotation de l'hôtel des Invalides était d'un million et demi.

En 1853, les dépenses s'élevaient à deux millions sept cent mille francs.

Son budget dépasse maintenant trois millions.

La nef de l'église était décorée de neuf cent soixante drapeaux ou étendards
pris à l'ennemi. Ces trophées furent détruits en 1814 par les invalides eux-
mêmes, la veille de l'entrée des alliés à Paris.

Le 15 décembre 1840, les débris de nos immortelles phalanges de la
République et de l'Empire recevaient, les yeux humides et le cœur plein de
respect, les restes du plus grand capitaine des temps modernes. Les cendres
de l'Empereur Napoléon Ier reposent aujourd'hui à l'hôtel des Invalides.
Sur un sarcophage sont burinés en lettres d'or les états de service de ce
grand génie militaire. Ils commencent à Toulon le 15 août 1793 et finissent
le 5 mai 1821 au rocher de Sainte-Hélène.

Citons, à propos de la translation des cendres de l'Empereur Napoléon, un
fait encore peu connu, parce que la modestie de son auteur l'a laissé dans
l'oubli.

C'était le 7 août 1830; le gouvernement de la Restauration venait de tomber
sous son impopularité. Le canon de Juillet avait cessé de gronder; une royauté
nouvelle allait sortir des barricades.

Un jeune homme à peine âgé de vingt ans, M. Adolphe Favre, arrivé depuis
deux mois de Lille, sa ville natale, improvisait quelques strophes dédiées au
roi Louis-Philippe, et dans lesquelles il lui demandait de transférer en France
les cendres de l'Empereur.

La voix de ce jeune homme, qui débutait dans la carrière des lettres par
une noble et généreuse pensée, et qui est aujourd'hui un écrivain distingué,
resta longtemps sans écho. M. Favre ne se rebuta point, et chaque année, à
cette même date du 7 août, il adressait au roi Louis-Philippe un exemplaire
de sa brochure, *l'Homme du Rivage*, renouvelant son vœu, protestant par cet
envoi contre l'inertie du gouvernement de Juillet.

Cela dura dix ans.

En 1840, il se trouva enfin un ministre pour accomplir cette grande
réparation. Mais si la gloire de son exécution appartient à M. Thiers, M. Favre
peut à bon droit revendiquer l'honneur d'en avoir eu le premier la généreuse
pensée.

Les canons des Invalides, qui ont si souvent vomi la mort sur les champs
de bataille, et dont la plupart sont des trophées conquis sur les ennemis de
la France, ne tonnent plus qu'aux jours des fêtes publiques; mais si quelque
coalition tentait de se former contre nous, si par impossible Paris était jamais
menacé, on verrait les vieux débris de nos gloires passées, oubliant blessures
et fatigues, retrouver la vigueur de la jeunesse, l'enthousiasme de leurs

premiers combats, redevenir les héros d'autrefois, et mêler leurs vieilles palmes de Marengo et d'Austerlitz à celles de Magenta et de Solferino.

Adolphe Schaeffer-Stel.

Copie de la lettre que j'ai envoyée tous les ans, le 7 août, au roi Louis-Philippe.

Sire,

Tout le temps que Dieu me prêtera vie et qu'il vous conservera sur le trône, vous ou votre dynastie, chaque année, à pareille époque, je vous rappellerai la brochure, en vers, *l'Homme du Rivage ou l'Illustre Tombeau*, que j'ai eu l'honneur de vous adresser en 1830, le 7 août, et par laquelle je vous demandais la rentrée en France des Cendres de Napoléon.

Mon vœu n'ayant pas encore été rempli, je remets sous les yeux de Votre Majesté ladite brochure (incluse) en vous suppliant, au nom de l'honneur national, de faire droit à ma prière.

Agréez, Sire, avec mon profond respect, tous les sentiments qui m'animent au sujet de cette grande réparation, et daignez me croire,

De Votre Majesté,

Le très-humble et très-obéissant serviteur,

Adolphe Favre
Place du Palais de Justice, n° 4.

Paris, etc.

DÉCISION DU SÉNAT

(Séance du 17 janvier 1868)

M. LE ROY DE SAINT-ARNAUD, *neuvième rapporteur.*

Messieurs, votre jurisprudence constante en matières de pétitions ayant pour objet une demande de secours personnels aux pétitionnaires, ou de subventions sollicitées pour le développement de projets industriels, est d'écarter par l'ordre du jour ces requêtes, dont l'appréciation rentre évidemment dans les attributions administratives.

Fidèle à ces précédents, votre deuxième commission de 1868 vous propose l'ordre du jour sur les pétitions suivantes :

(Suit l'analyse de sept pétitions dont la nôtre arrive cinquième en rang. En voici l'énoncé :)

— N° 371. — Le sieur Favre, domicilié à Paris, élève la prétention d'avoir, le premier en France, demandé le retour des cendres de Napoléon I**, et veut qu'une rente viagère lui soit décernée à ce titre comme récompense nationale.

(L'ordre du jour est prononcé sur les sept pétitions.)

(Extrait du *Moniteur Universel* du 18 janvier 1868, p. 96.)

RÉPONSE

De M. Adolphe FAVRE

A

MONSIEUR LE ROY DE SAINT-ARNAUD

SÉNATEUR

Monsieur,

J'ai longtemps tardé, hésité à répondre à votre rapport; j'aime si peu, du reste, à m'occuper de moi; cependant mes amis, qui savent ma vie, m'ont blâmé de mon silence et m'ont fait sentir qu'il était de ma dignité de relever ce qui pouvait attaquer cette dignité.

En effet, Monsieur, dans votre rapport sur ma pétition des Cendres de Napoléon, vous dites : un sieur Favre, domicilié à Paris, *élève la prétention* d'avoir, le premier en France, demandé le retour des cendres de Napoléon I⁰ʳ, etc.

Mais, Monsieur, vous avez eu les pièces originales sous les yeux, je n'élève pas « la prétention », c'est un fait acquis, et nul ne peut le contester.

Oui, je suis le premier en France qui ait demandé la rentrée des Cendres de Napoléon. Qui donc y a songé avant le 7 août 1830 et a renouvelé sa demande tous les ans, jusqu'à l'accomplissement de son œuvre?

Est-ce vous, Monsieur? votre voisin d'en face, n'importe qui?

Parlez, montrez les pièces, et je fais amende honorable.

Mais non, vous ne citerez personne, pas même vous, Monsieur, malgré les belles actions que vous avez pu accomplir, vous ne citerez personne, parce que personne n'est à citer.

J'étais alors, en 1830, presque sans pain, et mon dévouement pour la cause napoléonienne m'a fait faire, avec le secours d'un emprunt, ce que personne ne songeait à faire à cette époque.

J'ai vécu de mon sang et de ma chair pendant deux ou trois ans pour arriver à m'acquitter de la dette que j'avais contractée.

Je devais payer de ma vie cette audace contre la nature; un miracle seul m'a sauvé : Dieu avait jugé sans doute que je n'avais pas été assez éprouvé; il voulait me faire passer sous la torture sénatoriale.

Et je fis tout cela, Monsieur, dans l'ombre, dans le silence, sans me préoccuper si un tel dévouement était grand.

Cependant longtemps, bien longtemps après, le hasard révéla ce fait à un écrivain, et il en parla dans le *Dictionnaire des Connaissances humaines.*

Et vous venez dire, Monsieur, que j'élève la prétention !

Que le Sénat me refuse la goutte d'eau et le grain de sel, c'est son droit, je m'incline; mais, je le comprends, je dois relever la tête quand on touche à ma dignité.

C'est sur les conseils d'un sénateur que j'ai écrit ma pétition, sur les conseils de M. Ferdinand Favre, mort aujourd'hui; il en a connu les termes et les a approuvés; et si, lui mort, je l'ai présentée, c'était pour ne pas me rendre ingrat envers sa mémoire.

Vous m'avez mis au tas dans une fournée de *six* pétitions toutes plus ou moins impossibles. C'est faire beaucoup d'honneur aux Cendres de Napoléon, qui ont dû être assez étrangement étonnées de se trouver en pareille compagnie.

Bien plus, vous me classez, pour couronner l'œuvre, dans la catégorie des « secours personnels ».

Je n'ai jamais mendié, Monsieur ; si je voulais mendier, je m'adresserais à l'Empereur, à l'administration, à tout secrétariat princier quelconque.

Je n'avais pas à rougir devant une récompense nationale. Mendier ! ! !...

Mais, Monsieur, c'est bon pour les rois détrônés ou les valets sans place.

Les empereurs on les envoie au martyre !

Mendier ! ! !...

Non content de dénaturer ce qui est un dévouement, on dénature ce qui est moi : MA PENSÉE !

Ce n'est pas bien, Monsieur, c'est une peu digne action.

Si Ferdinand Favre, de l'autre monde où il est, voit ce qui se passe en celui-ci, son âme doit être contrite ; il est vrai que Ferdinand Favre n'était pas noble de nom, mais il était noble de cœur, ce qui vaut mieux.

Cependant j'ai assez vécu pour connaître les choses et les hommes et savoir que l'esprit humain aime à rapetisser à sa taille tout ce qui est grand.

Je m'honore de ma pauvreté.

La fortune sèche souvent le cœur ; à ce prix, je ne l'envierai jamais.

Je réponds publiquement, Monsieur ; c'est mon droit : l'espèce d'injure jetée à mon honneur a été publique, et il faut que je sois le promoteur de la rentrée des Cendres de Napoléon ou un imposteur.

Au moins tout le monde pourra prononcer.

Un fonctionnaire public, un soldat servent la France.

Ils ne font que leur devoir; ils touchent les fonds de l'État pour cela.

Moi, Monsieur, ai-je été ou suis-je payé?

Non!

Je n'ai jamais été le rétribué de personne; et ce que j'ai fait, c'est de mon propre mouvement et sans avoir en vue aucune récompense.

Si on s'arrêtait là!

Mais non, le mal on le punit, le bien on le dénigre.

Voilà la justice humaine.

Allez, Monsieur, l'histoire jugera un jour entre le jeune homme de 1830 et le sénateur de 1868!

D'ici là, Monsieur, croyez que mon cœur n'a jamais eu ni haine ni colère, et que c'est avec le plus grand calme que je vous prie d'agréer l'hommage de mon respect.

ADOLPHE FAVRE.

Février 1868.

Nous apprenons, tout à présent, qu'une dame, Madame la comtesse de Tallerande a, dans *le Figaro*, réclamé pour son père, M. le marquis d'Alesmes, la priorité comme promoteur de la rentrée des Cendres de Napoléon. Madame la comtesse de Tallerande se trompe : la demande de son père est du mois d'octobre 1830 et la nôtre est du 7 août 1830 ; de plus, nous l'avons renouvelée tous les ans.

M. le marquis d'Alesmes n'est pas le seul, après nous, qui ait demandé la rentrée des Cendres ; plus de vingt personnes nous ont imité, et c'est ce qui a fait notre force.

Déjà en 1824, à peine âgé de quinze ans, nous avions demandé la rentrée des Cendres de Napoléon au roi Charles X, lors de son avénement au trône. Nous avions cru inutile de parler de ce fait; nous avons eu tort; car, à cette époque, c'était une action téméraire et elle a failli nous faire arrêter.

Parmi les nombreuses lettres que nous avons reçues concernant les Cendres de Napoléon, nous n'en publierons que trois.

Nous les donnons par ordre de dates.

Elles sont de M. Magiaty, éditeur du *Dictionnaire des Connaissances humaines*, de l'abbé Coquereau, de Ferdinand Favre.

Paris, 10 septembre 1858.

A Monsieur A. FAVRE.

Monsieur,

On vous l'a déjà dit de vive voix, vous le savez, on met à votre disposition tous les exemplaires du mot *Invalides* dont vous pouvez avoir besoin.

Il faut qu'on sache qu'à votre nom si aimé du public s'ajoute avec éclat la plus mémorable action du siècle ; et cela en contribuant à vous faire départir toute l'illustration que vous méritez comme grand citoyen, c'est vous marquer combien l'administration du *Dictionnaire des Connaissances humaines* vous sera à jamais reconnaissante d'avoir pu être la première qui ait restitué à l'histoire un fait d'autant plus méritant, que vous l'avez enseveli pendant vingt ans dans le silence !

Veuillez agréer, Monsieur, avec mes sentiments les plus distingués, l'assurance de ma haute considération.

E. MAGIATY,
Éditeur du *Dictionnaire des Connaissances humaines.*

MINISTÈRE
De la Marine.

Paris, 2 mars 1859.

A Monsieur A. FAVRE, directeur de *la Revue parisienne.*

Monsieur,

J'ai reçu le numéro de la *Revue Parisienne* que vous avez bien voulu m'adresser. J'ai lu avec intérêt le document historique que vous avez publié en première page de ce numéro et qui est relatif à la rentrée des Cendres de Napoléon en France.

Je vous remercie de vous être souvenu que j'ai fait partie de la mission de Sainte-Hélène : à ce titre, je ne suis indifférent à rien de ce qui directement ou indirectement se rapporte à ce grand fait national.

Recevez, Monsieur, l'assurance de mes sentiments les plus distingués.

COQUEREAU.

Paris, 18 avril 1859.

A Monsieur ADOLPHE FAVRE.

Monsieur,

Je vous remercie de votre intéressante communication relativement à l'initiative que vous avez prise pour réclamer sous le dernier règne le retour dans leur patrie des cendres de l'empereur Napoléon Ier.

Il n'y a qu'un bon Français qui ait pu réveiller le souvenir du vœu touchant exprimé par le grand homme à ses derniers moments, et convier le gouvernement à l'accomplissement de ce devoir national.

Cette manifestation si éminemment patriotique vous honore, et je souhaite qu'elle vous attire aussi sincèrement que les miennes les félicitations de tous ceux qui ont conservé le culte de la gloire.

Agréez, Monsieur, l'expression de mes sentiments les plus distingués.

Le Sénateur, maire de Nantes,

F. FAVRE.

382 — Paris. — Typ. Morris et Comp., rue Amelot, 64.

OUVRAGES D'ADOLPHE FAVRE

Poésie.

L'Amour d'un Ange, 1 vol.

Piéces de Théâtre.

La Chasse à ma Femme, vaudeville en un acte. (Beaumarchais.)
Le Colonel Chabert, drame en cinq actes. (Beaumarchais.)
Déborah, opéra comique en trois actes. (Théâtre-Lyrique Impérial.)
Le Défaut de la Cuirasse, comédie en un acte. (Porte-Saint-Martin.)
Deux Clarinettes, opérette en un acte. (Bouffes-Parisiens.)
L'Enlèvement au Bouquet, vaudeville en un acte. (Menus-Plaisirs.)
Un Martyr de la Victoire, drame en cinq actes. (Belleville.)
La Médaille, opérette en un acte. (Bouffes-Parisiens.)
Les Métamorphoses de Bougival, vaudeville en un acte. (Délassements-Comiques.)
Un Monsieur qui a perdu son Mouchoir, vaudeville en un acte. (Délassements-Comiques.)
L'Orfévre du Pont au Change, drame historique en cinq actes. (Beaumarchais.)
La Porte Saint-Denis, (1672), drame en cinq actes. (Beaumarchais.)
Les Portraits-Cartes, vaudeville en un acte. (Gaîté.)
Les Saxophones, vaudeville en un acte. (Vaudeville.)

Romans.

L'Amour et l'Argent.	La Faute d'une Mère.
L'Anneau d'Or.	Une Histoire d'aujourd'hui.
Le Baiser des Fiançailles.	Jean le Batailleur.
Le Bouquet de Violettes.	La jeune Fille au Cheval noir.
Le Bracelet de Corail.	Les Larmes d'une Mère.
Le Calvaire du Cœur.	Maître Guillaume.
Le Capitaine des Archers.	Le Marchand d'Or.
Le Carrefour de la Croix.	Le Mariage au Jardin.
Comment un fils se marie.	Monsieur Landroux.
La Coupe maudite.	Le Moulin-Robert.
Le Cousin Wilhelm.	L'Œuvre du Démon.
Le Doigt de Dieu.	Le Prix du Mal.
L'Épée de saint Bernard.	La Rose de Bretagne.
L'Épingle d'Or.	Le Secret du Cœur.
La Fausse Route.	Voisin et Voisine.

Paris. — Typ. Morris et Cᵉ, 64, rue Amelot.